Paris
1880

Jourdain, Charles-Marie-Gabriel Brechillet

Les commencements de la marine militaire sous Phiilippe le Bel

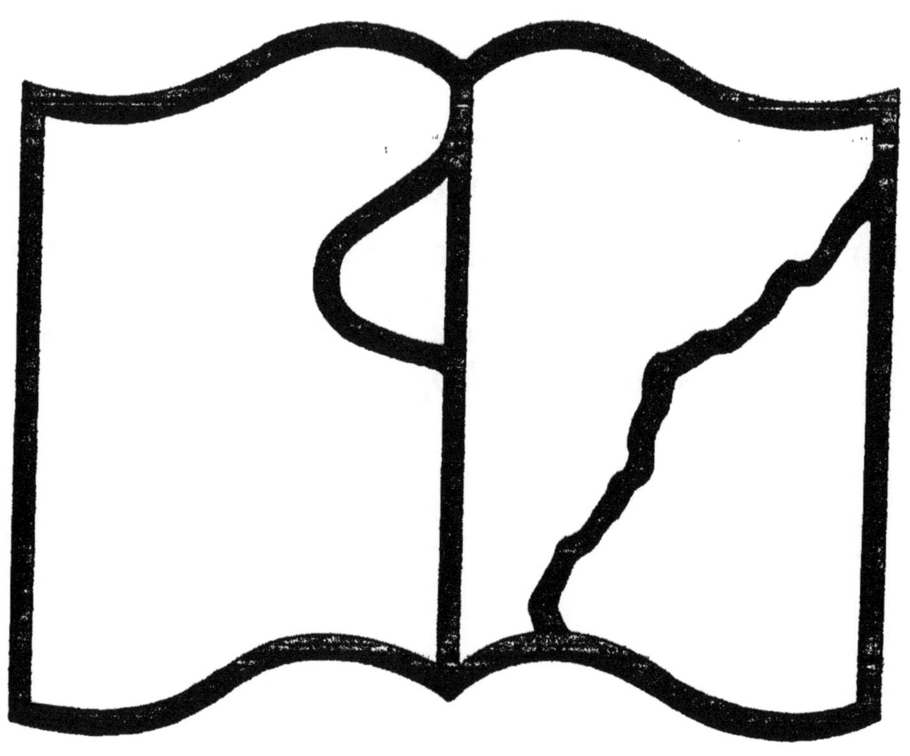

**Symbole applicable
pour tout, ou partie
des documents microfilmés**

Texte détérioré — reliure défectueuse

NF Z 43-120-11

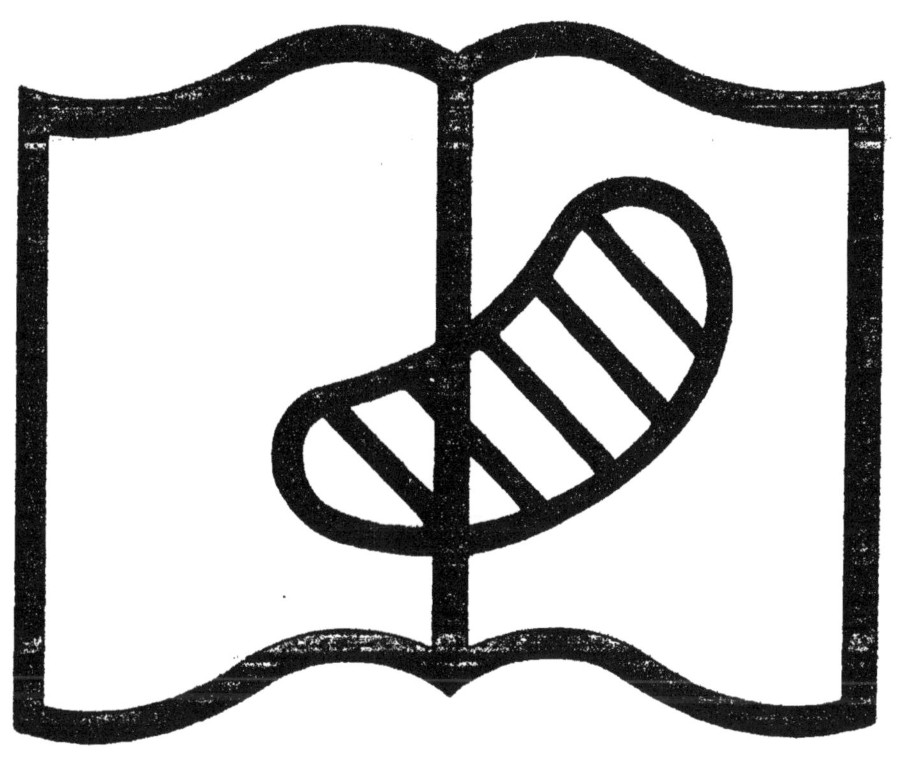

Symbole applicable
pour tout, ou partie
des documents microfilmés

Original illisible

NF Z 43-120-10

LES COMMENCEMENTS

DE LA

MARINE MILITAIRE

SOUS PHILIPPE-LE-BEL

PAR

Charles JOURDAIN

Membre de l'Institut

(Extrait de la *Revue des Questions historiques*. Octobre 1880).

PARIS

LIBRAIRIE DE VICTOR PALMÉ, ÉDITEUR

76, rue des Saints-Pères, 76

1880

LES COMMENCEMENTS

DE LA

MARINE MILITAIRE

SOUS PHILIPPE-LE-BEL

BRUXELLES. — A. VROMANT, IMPRIMEUR.

LES COMMENCEMENTS

DE LA

MARINE MILITAIRE

SOUS PHILIPPE-LE-BEL

PAR

Charles JOURDAIN

Membre de l'Institut

(Extrait de la *Revue des Questions historiques*, Octobre 1880).

PARIS

LIBRAIRIE DE VICTOR PALMÉ, ÉDITEUR

76, rue des Saints-Pères, 76

1880

LES COMMENCEMENTS
DE LA MARINE MILITAIRE
SOUS PHILIPPE-LE-BEL

Ce fut jusqu'à nos jours une opinion très répandue, qu'au moyen âge les rois de France ne possédaient ni vaisseaux ni marins ; qu'en cas de guerre maritime ils s'adressaient à des armateurs étrangers, le plus souvent Vénitiens, Pisans ou Génois, et leur nolisaient des navires, auxquels s'ajoutaient ceux qu'on avait pu se procurer dans les différents ports du royaume. Quelques érudits même ont cru pouvoir soutenir que, si la constitution régulière de l'armée de terre date en France de Charles VII, il faut descendre jusqu'à François Ier pour trouver l'établissement d'une marine royale.

Tel est l'avis clairement énoncé par Legrand d'Aussy dans un intéressant travail dont la Classe des sciences morales et politiques de l'Institut a entendu la lecture à la fin du siècle dernier, et qui est inséré au tome II de ses *Mémoires* : « Les rois, dit le savant académicien, par une suite nécessaire de l'affaiblissement où le système féodal avait réduit leur puissance, n'avaient et ne pouvaient même entretenir d'armée sur pied. Il en fut de même pour les guerres de mer ; ils n'eurent ni arsenaux, ni ateliers de construction, ni marine en activité constante... En fait de mer, c'est sous François Ier qu'on voit commencer l'établissement d'une marine royale. » Et à la fin de son mémoire, Legrand d'Aussy répète, presque dans les mêmes termes, en se résumant : « Nos rois, pendant bien des siècles, n'eurent pas de marine réglée ; et aucun même, jusqu'à François Ier, ne paraît avoir senti la nécessité d'en avoir une [1]. »

---

[1] *Mémoires de l'Institut*, Classe des sciences morales et politiques, t. II, p. 324, 371.

Le sentiment de Legrand d'Aussy, longtemps partagé par les meilleurs historiens, a rencontré dans ces dernières années de sérieux contradicteurs. Dans la thèse qu'il présentait en 1877 pour obtenir le diplôme d'archiviste paléographe, thèse qu'il a publiée depuis, un élève de l'École des chartes, M. Dufourmentel, établissait d'une manière irréfragable que, dès le commencement de la guerre de Cent ans, Philippe VI de Valois avait possédé des flottes et promulgué des ordonnances pour la construction des navires, la levée et la paie des marins [1]. L'année suivante, un autre élève de la même école, M. Léon Pajot, poursuivant les recherches de M. Dufourmentel, fit voir à son tour, dans une thèse dont malheureusement les positions seules ont vu le jour, que sous Charles V, de 1364 à 1374, il existait en France ce qui constitue à proprement parler une marine militaire, à savoir un personnel, un matériel, une administration et une législation maritimes [2]. La même opinion a été défendue, avec une érudition originale, par M. le marquis Terrier de Loray dans un solide travail sur Jean de Vienne, qui commanda les flottes de France pendant les règnes de Charles V et de Charles VI [3].

Cette opinion est-elle conforme à la vérité historique? Nous le croyons; en effet, comment le contester? Les écrivains dont nous venons de rappeler les travaux, ne se livrent pas à des considérations arbitraires qui n'auraient que la valeur d'une hypothèse plus ou moins vraisemblable; à l'appui de leurs assertions ils produisent des faits précis, qui ne laissent dans l'esprit aucun doute. Mais nous estimons qu'on peut aller plus loin et remonter plus haut qu'ils n'ont fait. Ce qu'ils ont dit de Charles V et de Philippe VI, on peut le dire, à notre avis, des fils de Philippe-le-Bel et de Philippe-le-Bel lui-même. Selon nous, c'est à ce prince qu'on doit faire remonter l'origine de la marine militaire en France : il en a préparé et ébauché, sinon complété l'organisation.

Cette conclusion, qui aurait semblé paradoxale il y a un

---

[1] *La marine militaire en France au commencement de la guerre de cent ans.* Paris, 1879, in-8°.

[2] *La marine militaire du Ponant*, entre 1364 et 1374, dans les positions des Thèses soutenues par les élèves de l'École des Chartes de la promotion de 1878.

[3] *Jean de Vienne, amiral de France*, 1341-1396. Étude historique, etc. Paris, 1878, in-8°.

demi siècle, est celle qu'a présentée avant nous l'écrivain qui a
le plus étudié et le mieux connu l'administration de Philippe-le-
Bel, notre regretté confrère et collaborateur M. Edgard Boutaric[1].
Il se proposait de consacrer à l'examen de la question un mémoire spécial : la mort ne lui a pas permis de l'achever. Les vues
qu'il avait indiquées plutôt qu'exposées, et quelques-unes des
preuves à l'appui, ont été savamment résumées dans un opuscule
récent de M. le baron de Rostaing, ancien capitaine de vaisseau[2].
Nous mettrons à profit les travaux de nos devanciers, en confir-
mant leurs conclusions à l'aide de divers documents contemporains dont l'authenticité n'est pas contestable, et qui, pour la plupart, sont restés jusqu'à ce jour inédits.

Que les prédécesseurs de Philippe-le-Bel n'aient pas eu de
marine ; que, pour aller guerroyer au loin, ils se soient trouvés
dans la nécessité de passer des traités avec les étrangers qui
leur fournissaient à de dures conditions, non seulement des bâtiments de transport, mais des navires tout armés et garnis de
troupes mercenaires ; que les seigneurs féodaux qui les accom-
pagnaient dans leurs expéditions, aient été plus d'une fois
réduits à noliser à leurs frais les bâtiments sur lesquels ils rejoi-
gnaient eux-mêmes leur suzerain : ce sont là des faits que les
témoignages les plus dignes de foi ne permettent pas de mettre
en doute. En 1190, Philippe-Auguste, sur le point de partir pour
la Terre-Sainte, s'engageait à payer aux Génois 5,850 marcs
d'argent pour le secours qu'ils lui avaient promis en hommes et
en matériel de transport[3]. Lors de la quatrième croisade, les
croisés ne s'adressèrent pas au roi de France pour avoir les vaisseaux qui leur étaient nécessaires; ils envoyèrent six messagers
à Venise, où ils pensaient trouver, dit Villehardouin, « une plus
grande quantité de nefs qu'en nul autre port[4]. » Sous le règne
de saint Louis, la marine royale n'existait pas plus que sous ses
prédécesseurs ; ce roi, pour ses deux croisades, dut s'assurer, à
prix d'argent, le concours d'armateurs étrangers. On possède

---

[1] *La France sous Philippe-le-Bel*, par Edgard Boutaric. Paris, 1861, 1 vol.
in-8°, p. 376 et seqq.

[2] *La marine militaire de la France sous Philippe-le-Bel*, par le baron de
Rostaing. Paris, 1879, in-8° (Extr. de la *Revue maritime et coloniale*).

[3] *Archives des missions scientifiques*, 1re série, t. II, Paris, 1851, in-8°
p. 362.

[4] *La conquête de Constantinople*, édit. de M. de Wailly, § 14.

encore le texte de la convention qu'il avait projeté de passer avec les Vénitiens et de celle qu'il passa définitivement avec les Génois, suivant l'exemple de son aïeul, pour l'expédition de Tunis [1]. De son côté, Joinville nous raconte avec sa sincérité habituelle, comment il s'entendit en 1248 avec le sire d'Apremont pour noliser ensemble à Marseille une nef qui les conduisit en Égypte avec leurs gens [2]. Y eut-il sous le règne du saint roi quelque projet, quelque effort pour changer cette situation, pour créer une force navale qui appartînt au prince, qu'il eût en quelque sorte sous la main et qu'il pût à son heure mettre en mouvement ? Les documents connus ne mentionnent pas et ne permettent pas de supposer aucun dessein, aucune entreprise de ce genre.

Sous Philippe-le-Bel la situation se modifie, non pas que ce prince ait entièrement rompu avec la tradition, ni qu'il ait renoncé au secours précaire que ses prédécesseurs demandaient à quiconque pouvait leur procurer des nefs et des marins; mais du moins on peut constater, à partir de son règne, une série de mesures qui se complètent l'une l'autre et qui, dans leur ensemble, indiquent la résolution d'organiser une force maritime dont la direction appartienne à l'autorité royale. Engagé dans des luttes fréquentes avec ses voisins, tour à tour en guerre avec l'Aragon, avec l'Angleterre et avec les Flamands, Philippe-le-Bel comprit que, dans les conjonctures graves, une flotte ne rendait pas moins de services à un peuple qu'une armée, et il mit ses soins à réunir sur mer comme sur terre des moyens nouveaux, bien que très insuffisants, de défense et d'attaque contre des ennemis redoutables. M. Boutaric a publié, entre autres documents inédits, un très curieux mémoire sur les moyens d'opérer une descente en Angleterre ; ce mémoire fut adressé à Philippe-le-Bel vers 1295 ; il a pour auteur un capitaine génois, Benoît Zacharie, qui avait commandé plus d'une fois, notamment en 1284 et en 1286, les galères de sa patrie [3], et qui était passé depuis au service de

---

[1] La convention avec les Génois et les pièces qui s'y rattachent, au nombre de vingt-cinq, ont été retrouvées et publiées par M. Jal, en partie dans son *Archéologie navale*, et plus complètement au tome I du recueil de *Documents historiques inédits tirés de la Bibliothèque royale*, Paris, 1842, in-4° p. 500 et s.

[2] *Histoire de saint Louis*, édit. de M. de Wailly, § 112.

[3] Voyez Giustiniani (Agostino), *Annali della republica di Genoa*. Genoa, 1537, in-fol., liv. III, p. 106 et 108.

la France. Nous aurons à citer plus d'une fois son nom dans les pages qui suivent. Tout porte à croire que Zacharie avait eu la première idée de l'audacieuse descente qu'il proposait; toujours est-il qu'il la considéra comme le meilleur moyen pour le roi de soutenir la guerre sur mer en causant à l'ennemi grand dommage, et en se procurant à lui-même honneur et gain. Voici en conséquence les avis qu'il donne à Philippe-le-Bel.

C'est en premier lieu d'équiper un certain nombre de navires portant des chevaliers, avec leurs chevaux et des hommes de pied, habiles à manier l'arbalète, la lance et le dard. Ces navires auront une triple mission : 1° ils attaqueront l'ennemi sur mer; 2° ils dévasteront ses côtes ; 3° si les chevaliers qui les montent peuvent descendre à terre, avec les hommes de pied, ils mettront le pays à feu et à sang, détruisant les bestiaux, saccageant les villes et les bourgs qu'ils pourront prendre. Zacharie fait le compte des vaisseaux et des hommes qui seront nécessaires pour l'expédition qu'il projette. Il faudrait vingt de ces navires, qu'on appelait alors *huissiers*, et qui avaient une porte pour l'entrée et la sortie des chevaux; quatre galères ou vaisseaux de forme et de grandeur ordinaires, et vingt-quatre bateaux. L'équipage devait se composer de quatre cents chevaliers, quatre cents chevaux, 4800 marins et soldats de pied engagés pour quatre mois au moins. Les dépenses à prévoir, non compris celles qui seraient à la charge personnelle des chevaliers, étaient évaluées à 63,800 livres tournois, dont 38,400 livres pour la paie des marins, à raison de 40 sous tournois par mois et par personne.

Le mémoire dont nous venons d'indiquer rapidement les points principaux ne prouve pas sans doute l'existence et moins encore l'organisation régulière d'une marine militaire en France dans les dernières années du treizième siècle ; mais il témoigne que, dans les conseils du roi, les esprits commençaient à se préoccuper du service qu'un pareil établissement pouvait rendre au royaume : car Benoît Zacharie, quoique marin, n'aurait pas eu l'occasion de proposer à Philippe-le-Bel de tenter une descente en Angleterre, il ne lui aurait pas soumis tout un plan d'organisation navale, si la pensée de ce prince n'avait pas été déjà tournée vers cet important objet.

Et en effet, dans la table de Robert Mignon, publiée par notre savant confrère M. de Wailly, au tome XXI du *Recueil des historiens en France*, on lit ce qui suit, à propos de la guerre de Gas-

cogne commencée en 1293. « Compoti operum galearum et aliorum vasorum ac armatæ maris pro dicta guerra. » Et quelques
lignes plus bas, à propos de la guerre de Flandre : « Compoti
operum galearum, ingeniorum, artilliaturarum et aliorum, et
armatæ maris pro dicta guerra quæ incepit anno 1296. » Ces
passages confirment à beaucoup d'égards l'induction qu'on pouvait tirer du mémoire de Benoît Zacharie ; et quand bien même
ils seraient isolés, l'historien aurait le droit d'en conclure que
l'entretien d'une marine militaire, si non exclusivement composée de nationaux, du moins vraiment royale, fût-elle en partie
recrutée à l'étranger, est un des grands intérêts qui ont attiré l'at-
tention de Philippe-le-Bel, et auxquels il a consacré avec ses
soins une partie des revenus de son royaume.

Nous reconnaissons que les textes que nous venons de citer
sont bien courts et qu'ils ne permettent pas d'apprécier l'étendue
ni la durée des dépenses et des sacrifices dont ils signalent l'existence. Le document auquel nous les empruntons n'est en effet
qu'un simple sommaire dont l'auteur s'est borné à indiquer les
grandes lignes de l'administration de la France au commencement du XIV⁰ siècle sans entrer dans les détails. Mais Robert
Mignon avait dressé un second inventaire, qui développait le premier, et dans lequel il avait catalogué les comptes particuliers,
tenus par les agents de tout ordre, chargés du maniement des
deniers royaux. Ce second inventaire avait pour titre : *Liber de
inventario compotorum ordinariorum et aliorum per me Rober-
tum Mignon ordinatus.* L'original s'est perdu ; mais la Bibliothèque Nationale en possède une copie [1] qui, malgré de nom-
breuses incorrections, éclaire d'un jour nouveau beaucoup
de points de l'administration de Philippe-le-Bel. Sur le rapport de notre savant confrère et ami M. Léopold Delisle, la
commission des travaux littéraires de l'Académie des inscrip-
tions et belles lettres a jugé le document assez important pour
être inséré au tome XXIV⁰ du *Recueil des Historiens de France.*
Il abonde notamment en indications sur la marine royale au
commencement du XIV⁰ siècle et sur la fin du XIII⁰ ; nous n'aurons qu'à recueillir ces précieux indices, en les complétant par
quelques indications tirées du *Journal du trésor* pour une partie
des années 1298, 1299 et 1301. Des textes authentiques, nom-

---

[1] Fonds latin, n° 9069.

breux et concordants, nous permettront d'établir que, depuis la
guerre de Gascogne jusqu'à la fin de son règne, Philippe-le-Bel
s'est occupé de faire construire des navires de toute grandeur,
de les équiper, d'en affréter d'autres dans les ports de France
ou dans les ports étrangers, de veiller à la garde des côtes; qu'il
a eu des amiraux préposés au commandement de ses flottes, et
des agents chargés des fournitures ; qu'il a frappé des contributions spéciales sur les villes de commerce voisines du littoral,
intéressées plus spécialement à la sûreté des mers ; qu'enfin,
sans avoir à beaucoup près complété l'organisation du service
maritime, il a laissé sous ce rapport à ses fils et à leurs successeurs une tradition et des exemples que ceux-ci devaient con-
tinuer.

Une série de comptes qui comprennent plusieurs centaines
d'articles fort différents ne sont pas susceptibles d'être ana-
lysés. On ne peut qu'en faire des extraits qu'on classe plus ou
moins méthodiquement selon la matière à laquelle ils se rap-
portent. Cette marche nous a semblé la seule qui pût être
adoptée. Nous avons relevé aussi exactement que possible
les faits épars soit dans la table de Robert Mignon, soit dans le
Journal du Trésor, soit dans les autres documents qui nous ont
passé par les mains; puis, nous avons classé ces faits dans
l'ordre qui nous a paru le plus favorable à la clarté de l'exposition. Nous avons été ainsi amenés à parler successivement des
vaisseaux, des marins, des commandants des flottes, des villes
où les vaisseaux se réunissaient, de la garde des côtes, enfin des
contributions spéciales établies en vue de pourvoir aux frais
occasionnés par la surveillance du littoral et par la guerre
maritime.

Il ne serait pas possible de fixer, même d'une manière approxi-
mative, la quantité des vaisseaux dont Philippe-le-Bel disposait
dans le cours des différentes guerres qu'il eut à soutenir. Mais
un point constant, c'est que ces vaisseaux, quel qu'en fût le
nombre, provenaient de différentes origines.

Et d'abord il en existait plusieurs qui avaient été ou construits
ou achetés par l'ordre du roi et à ses frais, et qui par conséquent
lui appartenaient en propre. Nous apprenons déjà par le mémoire
de Benoît Zacharie que Philippe-le-Bel possédait, en 1295, sinon
à une époque antérieure, treize navires dont la grandeur n'est

pas indiquée, savoir sept à Rouen, cinq à la Rochelle et à la Réole, et le treizième à Calais [1].

En 1204, à l'époque où la guerre était engagée avec les Anglais, et où il importait de pouvoir soutenir la lutte même sur mer, le bailli du Cotentin avait à faire fabriquer des boucliers, des lances et autres objets destinés à l'armement des vaisseaux du roi, *nostrarum*, dit Philippe-le-Bel, *munimentis navium faciendis*. Ajoutons que ce bailli affectait à ces travaux des arbres coupés dans un bois appartenant à un habitant du pays, et qu'il s'attribuait à lui-même une partie de l'indemnité due au propriétaire. Celui-ci ne supporta pas sans se plaindre une pareille exaction, et Philippe-le-Bel enjoignit au bailli de la réparer sans délai [2].

A la même date, Guillaume Bocuce s'occupait à Marseille de la construction de vingt galères.

Ce Guillaume Bocuce, que nous retrouverons plus loin, était alors viguier d'Aigues-Morte. Il avait été quelques années avant trésorier de la sénéchaussée de Beaucaire; c'était un des agents les plus dévoués et les plus actifs de l'autorité royale [3]. Est-ce par ses ordres et sous sa direction que d'autres galères furent construites en 1297, dans cette même sénéchaussée de Beaucaire à l'administration de laquelle il avait pris une part si directe, travail qui motivait un paiement de 663 livres 9 sous 3 deniers, ou comme acompte, ou comme solde [4] ?

---

[1] « Nous en avons XIII au dit roi; li VII sont à Rouen, li V à la Rochelle et à la Riolle, et li XIII est à Kalays. » L. I., p. 32 du tirage à part.

[2] « Philippus, Dei gratia Francorum rex, ballivo Constantini, salutem. Significavit nobis Robertus Bertran, miles, quod de suis nemoribus pro clipeis, lanceis et nostrarum munimentis navium faciendis, cepisti vel capi fecisti pro tue libito voluntatis, ac, predicta faciens appreciari nemora, tertiam partem et dangerium nostrum retinuisti de pretio supradicto, contra ejusdem militis voluntatem. Quocirca mandamus tibi quatenus nemorum hujusmodi precium absque retentione quacumque dicto militi reddi et restitui facias indilate. Volumus etiam quod eidem militi seu heredibus suis aut successoribus suis occasione premissorum in futurum non valeat prejudicium aliquod generari. Actum Parisius, die lune post dominicam qua cantatur Letare Jherusalem, anno Domini milesimo ducentesimo nonagesimo quinto. Redde litteras dicto militi vel earum latori. » *Cartul. de la baronie de Bricquebec*, appartenant a M. le conseiller Felix, fol. 31. Nous devons la communication de cette pièce à notre savant confrère et ami, M. Léopold Delisle.

[3] Invent. de Robert Mignon, p. 900 : « Guillelmus Bocutii, vicarius Aquarum mortuarum. » Cf. Germain, *Hist. du commerce de Montpellier*. Montpellier, 1861, t. I, p. 128 et 287.

[4] Robert Mignon, p. 895 et 901. — Compotus domini G. Bocucii... de cus-

Renaud Barbou, bailli de Rouen, reçoit, d'après le *Journal du Trésor*, le 3 mars 1299, mille livres tournois, et le 6 mars quinze mille livres pour les dépenses des galères et des flottes du roi, *pro negocio galearum regis, pro negocio navigii regis.*

Dans un compte dressé cette même année 1299, nous voyons figurer, comme étant la propriété du roi, un navire dont le nom est tellement défiguré dans les manuscrits, qu'en l'absence de tout renseignement nous n'osons pas nous hasarder à en proposer une restitution qui serait arbitraire. Le même compte et le *Journal du Trésor* mentionnent un autre navire appelé *la Superbe, Superbia,* qui se construisait à Bayonne, d'où il suit que cette ville, rentrée provisoirement sous l'autorité du roi de France, avait dès lors un chantier de construction [1].

Nous trouvons également des traces de chantiers à Dax et à Narbonne. Dans cette dernière ville, le chantier était sous l'autorité d'un bourgeois nommé P. Binucci et qualifié de connétable. En 1310, sur une dette qui remontait à 1204, le roi devait encore à Binucci une somme de mille six cents livres [2]. Malgré cette lenteur du Trésor à s'acquitter, Narbonne n'en conserva pas moins ses ateliers, dans lesquels, s'il faut en croire les documents résumés par le P. Anselme [3], l'amiral Gentian Tristan venait, en 1325, chercher des ouvriers pour les envoyer à Rouen réparer les nefs royales.

En l'année 1300, au mois d'avril, sire Robert d'Heleville, chevelier, et Michel du Mans, reçoivent du frère de Philippe-le-Bel, Charles, comte de Valois, dont le fils régna sous le nom de Phi-

---

todia galearum regis apud Marsiliam. — Compotus Guillelmi Bocutii de galeis factis apud Marsiliam ; redditus Curiæ sabbatho post festum beatæ Luciæ 1204. — Alius compotus ipsius de viginti galeis novis quæ sunt apud Marcilliam ab Assumptione beatæ Mariæ 1204, etc. » — Robert Mignon, p. 894 : « Debita armata galearum factarum Bellicadri... et est earum summa VIc, LXIII l., IX s., III d. »

[1] Robert Mignon, p. 897. « Compotus P. Kant de receptis et expensis pro nave dicta superbia Bayonæ factus 1299... Tradidit in fine dicti compoti quandam cedulam de armaturis quæ erunt in nave regis vocata...» *Journal,* XXV junii 1299. Petrus Kant pro fine compoti sui de expensis factis circa navem quæ dicitur Superbia Bayonæ. »

[2] Robert Mignon : « Compotus P. Binucii, burgensis Narbonensis, rectoris constabullariæ et operariorum Narbonensium quos adduxit dictus G. Gerardus de Montibus ad exercitum prædictum anno 1294. Redditus sabbatho in festo sancti Arnulphi 1310... Debentur ei pro fine dicti compoti M VIc l. »

[3] *Histoire généalogique de la maison de France,* t. VII, p. 742.

lippe VI, l'ordre de faire armer des vaisseaux à Calais. Les frais de l'armement s'élevèrent à 1125 livres 11 sous tournois [1]. Déjà, en 1205, le Trésor royal avait eu à payer les dépenses du même genre pour les nefs qui se trouvaient alors dans le port de Calais [2].

En 1304, le sénéchal de Saintonge dressait l'état des dépenses occasionnées par la réparation de dix galères à Saint-Savinien [3].

Un des centres d'armement les plus actifs, c'était sans contredit Rouen. La ville de Rouen était mieux située qu'une autre pour servir à un établissement maritime. D'une part, le large cours de la Seine offrait de grandes facilités pour la navigation ; d'autre part, les sinuosités du fleuve et l'éloignement de la mer semblaient mettre le port et ses alentours à l'abri d'un coup de main. Les avantages de cette position furent mis à profit sous le règne de Philippe-le-Bel. Un terrain dépendant de la paroisse de Saint-Éloi, qui avait été jusqu'alors affecté aux constructions navales, fut abandonné : on y substitua de nouveaux chantiers et des magasins qui sont connus sous le nom de *clos des galées*. Dans un intéressant mémoire, M. de Beaurepaire a démontré que le clos des galées était situé sur la rive gauche de la Seine, à Richebourg, c'est-à-dire tout à côté et au nord du faubourg de Saint-Sever [4]. Un document cité par M. le marquis Terrier de Loray nous apprend qu'il était entouré d'un long fossé communiquant avec le fleuve par un double canal, muni d'écluses pour aider à la mise à flot des nefs nouvellement construites [5]. Que cette savante installation ne date pas du règne de Philippe-le-Bel, bien qu'il ait fait exécuter des travaux au port de Rouen, nous en sommes pleinement convaincu ; mais on ne saurait douter que le clos des galées n'ait été à plusieurs reprises utilisé par ce prince pour les armements maritimes. Il est souvent question

---

[1] Robert Mignon, p. 972 : «Compotus domini de Helevilla, militis, et Michaelis de Cænomano, de navigio quod fecerunt parare apud Calesium de præcepto domini Valesiæ, anno 1300, mense aprili. Totus est de expensis quæ est (*sic*) XI c, XXV lib., XI tur. »

[2] *Ibid.*, p. 896 : «Compotus magistri G. Gorniti super armamento galearum et aliorum vasorum quæ erant apud Calesium 1295. »

[3] *Ibid.*, p. 272 : « Compotus domini P. de Baleux, senescalli Xanctonensis, de reparatione decem galearum apud Sanctum Savinianum. »

[4] *Précis de l'Académie des sciences, belles lettres et arts de Rouen*, année 1863-1864, in-8°.

[5] *Jean de Vienne*, etc., p. 72.

dans nos comptes des préparatifs qui se font à Rouen, des vaisseaux qui s'y rassemblent, des approvisionnements qu'on y forme. Nous trouvons des indications à cet égard notamment pour les années 1295, 1296, 1297, 1298, 1299, 1302, 1304, 1305 [1].

Un compte, qui est relevé dans l'inventaire de Robert Mignon, concernait les dépenses faites à Rouen pour le service des galères depuis le 1er mars 1304 jusqu'au 1er novembre 1308 [2]. Parmi les officiers royaux à qui l'exécution des ordres du prince fut confiée, le même inventaire mentionne Pierre L'Huissier, Pierre La Rève, archidiacre de la Rivière au diocèse de Soissons, et le bailli Renaud Barbou.

Après la mort de Philippe-le-Bel, le port de Rouen conserva son importance au point de vue militaire, en même temps que son activité commerciale. Ainsi, au mois de mars 1317, Bérenger Blanc, qualifié d'amiral, reçoit l'ordre de faire construire à Rouen des nefs et dromons, *de faciendo fieri naves et dromones*, et de faire réparer d'anciennes galées [3]. En 1326, Jean Médici, sergent d'armes du roi, présente le compte des avances qu'il a faites pour la visite et la réparation des galères et nefs du roi à Rouen et autres lieux, *pro visitatione et reparatione galearum et navium regis apud Rothomagum et alibi* [4].

Dans le recueil d'*Actes normands de la cour des comptes*, dont la publication est due à l'inépuisable érudition de notre confrère M. Léopold Delisle, on trouvera plusieurs pièces qui démontrent que, sous Philippe de Valois, le clos des galées fut à la fois un chantier dans lequel des vaisseaux furent construits par l'ordre du roi et un arsenal assez riche pour fournir à l'armement des nefs qui stationnaient dans les ports voisins [5].

---

[1] Nous multiplierions à l'excès les citations si nous transcrivions tous les passages de l'inventaire de Robert Mignon auxquels nous nous référons.

[2] Robert Mignon, p. 971 : « Compotus Renaudi Renier et P. Propositi de operibus galearum apud Rothomagum a prima die martii anno 1304 usque ad primam diem novembris 1308. »

[3] *Ibid.*, p. 989 : « In alio [rotulo] præceptum quod habuit mense martii 1317 [Berengarius Blanc, admiraldus maris] de reparatione galearum apud Rothomagum. — In eodem, aliud quod habuit tunc de faciendo fieri naves et dromones ibi prædictus admiraldus.

[4] *Ibid.*, p. 38 : « Alius compotus ipsius (Johannis Medici) pro reparatione et visitatione galearum et navium Regis apud Rothomagum et alibi. » Plus loin, p. 985, Jean Médici reçoit le titre de sergent d'armes du roi, *hostiarius armorum Domini regis.*

[5] *Actes Normands de la Chambre des Comptes sous Philippe de Valois*, publiés par Léopold Delisle. Rouen, 1871, in-8°, p. 142, 144, 153, 170, 182, etc.

En descendant la Seine et à une faible distance de son embouchure, on trouvait sur la rive droite un autre port, celui d'Harfleur, que les sables devaient un jour obstruer, mais qui, au temps de Philippe-le-Bel, était très prospère.

Renaud, comte de Gueldres, avait des droits sur cette ville, et sur celles de Montivilliers, d'Étretat et de Fécamp ; il les échangea contre une rente de 1300 livres qui lui fut assignée par le roi au mois d'août 1293 [1]. Le territoire d'Harfleur appartint dès lors sans réserve à Philippe-le-Bel. La position avait d'autant plus d'importance, qu'il existait là, comme à Rouen, un clos des galées ou galères, pouvant servir à la marine royale de chantier, d'arsenal et de lieu de refuge. Nous y voyons rassemblées, pendant les années 1295 et 1296, par les soins des agents royaux, le matériel nécessaire à l'équipement d'une flotte [2]. Bien que notre intention ne soit pas de dépasser les premières années du XIV⁰ siècle, nous espérons n'être pas accusés de sortir de notre sujet, en rappelant que c'est à Harfleur que fut construite en 1346 cette nef dont les contemporains disaient, selon les *Grandes chroniques de France*, que « onques nef si belle n'avait été armée ni mise en mer [3]. »

Mêmes traces de préparatifs maritimes à Leure, à Dieppe, à Cherbourg [4]. Un agent de Philippe-le-Bel, dont le nom a déjà passé sous nos yeux, P. La Rève, avait dressé le compte des dépenses faites à Cherbourg en 1295 pour la solde des mercenaires qui montaient les galées et galiotes réunies dans ce port. Ce fut là, selon toute apparence, le motif du paiement de 8,832 livres que d'après le P. Anselme, Philippe-le-Bel ordonna en 1296 au profit de l'amiral Othon de Tocy [5]. Sur l'Océan, les

---

[1] La charte royale qui créa cette rente fait partie de celles qui étaient exposées en 1878 dans les galeries de la Bibliothèque nationale. Voyez *Notice des objets exposés*, etc., n⁰ 393. Chartes de Colbert, n 30.

[2] Robert Mignon, p. 824 : « Compotus Johannis de Aquis de garnisionibus navigii factis apud Harefluvium, anno 1295. » *Ibid.*, p. 825 : « Compotus Gileti Castellani de garnisionibus factis apud Rothomagum, Loram et Harefluctum, factus Sabbathi post nativitatem Henti Johannis Baptistæ, 1296. » Cf. *Ibid.*, p 808.

[3] *Les grandes chroniques de France*, publiées par M. Paulin Paris, Paris, 1837, in-8⁰, t. V, p. 451.

[4] Robert Mignon, p. 808 : « Compotus P. La Rève pro expensis factis apud Cherebourg pro stipendariis existentibus in garnisionibus galearum et galeatorum 1295. »

[5] *Hist. généal.*, t. VII, p. 734.

vaisseaux du roi avaient des points de ralliement à la Rochelle et en remontant la Seine, à Nantes[1], sans parler de Bordeaux où s'équipait la flotte que nos documents désignent sous le nom d'armée navale de la Gironde, *armata Girondæ*. Un compte porte même *armata aquæ Girondæ Burdigalis*. L'équipement était confié en 1294 à Gérard des Monts, de Figeac[2].

Il y avait, comme nous l'avons dit, des vaisseaux achetés pour le compte du roi. C'est ce qui résulte de plusieurs mentions portées au *Journal du Trésor*. Ainsi, au mois de juin 1298, Jean Boulart et Jean de Versi, mandataires de la société Michel Livre, touchent dix sept cent quarante cinq livres huit sous tournois pour solde des navires acquis de cette société, *pro navibus emptis ab eis*. Au mois d'août suivant, une galiote vendue au roi, *venditæ regi*, est payée deux cents livres tournois à Jean Calmète, varlet du roi. Au mois de décembre Arnoul Perceval achète à Jean Bourguignon une nef pour laquelle il reçoit, sans doute comme simple acompte, soixante dix livres parisis à prélever sur la caisse du bailli de Senlis[3].

Quelques textes nous portent à croire que les acquisitions de cette nature étaient en partie couvertes au moyen de cotisations plus ou moins volontaires levées dans les ports de mer. Ainsi, le 14 novembre 1298, le Trésor fait recette d'une somme de deux cents livres tournois versée par la ville d'Harfleur pour une galère, *de villa Harefloti pro una galea*. Même somme est versée le même jour avec la même destination, au nom des villes de Leure et de Chief de Caux[4]. Chief de Caux, c'est aujourdhui Sainte-Adresse.

---

[1] Robert Mignon, p. 896 : « Compotus magistris G. Gorniti... et Johannis de Hyenvilla de expensis per ipsos factis apud Rupellam. » « Compotus Roberti Mangeri de garnisionibus factis Nannetibus circa 1295. »

[2] *Ibid.*, p. 898 « Compotus Gerardi de Montibus Figiaci, provisoris armaturæ Girondæ, redditus, Curiæ mercurii ante natale 1295. » Cf., *Ibid.*, p. 894.

[3] *Journal*, etc., 7a junii 1298 : « Cepimus super regem pro denariis per Petrum de Melet, receptorem Pictavensem, solutis et traditis Johanni Boulart et Johanni de Versi, procuratoribus Michaelis Livre et sociorum ejus, pro residuo denariorum sibi debitorum pro navibus emptis ab eis, XVIIc, XLV l. VIII s. t. » — *Ibid.*, 4a augusti 1298 : « Johannes Calmete, valletus regis, tum de dono regis causa servicii, quam ex venditione unius galeotæ venditæ regi per eumdem, continentis LXXII gubernacula vel circiter, IIc l. t. — *Ibid.*, die 16a decembris 1298 : « De Johanne Burgundi, pro una nave quam Arnulphus Parcivalli emit ab ipso Johanne LXX, l. p. »

[4] *Journal*, 24 novembris 1298 : « De villa Harefloti pro una galea II c. l. c.

Voilà un ensemble de faits non contestables qui nous paraissent attester de la manière la plus authentique un effort sérieux de l'autorité royale pour se procurer une marine. Ils ne laissent rien subsister des doutes exprimés par Legrand d'Aussy qui, ne pouvant se résoudre à croire que Philippe-le-Bel eût possédé en 1295 quelques vaisseaux, frappait de suspicion les preuves officielles de ce fait déjà produites par le P. Fournier dans son *Hydrographie* [1].

Mais les vaisseaux qui appartenaient à Philippe-le-Bel ne constituaient pas, ni dans les premières, ni dans les dernières années de son règne, une force suffisante pour qu'il pût soutenir seul une guerre maritime. Afin de suppléer à ce qui lui manquait, il usa de trois moyens : 1° Il contracta des alliances utiles ; 2° il affréta des vaisseaux étrangers ; 3° il mit à profit ceux qu'il trouva dans les ports français, et dont les propriétaires étaient pour la plupart des nationaux, ses sujets.

En 1293, la guerre avec l'Angleterre que, depuis quelque temps, la rivalité et les incursions réciproques des marins des deux nations pouvaient faire présager, venait d'éclater. Philippe-le-Bel n'avait pas attendu le commencement des hostilités pour entamer des négociations avec les princes qui pouvaient lui prêter leur concours. N'est-ce pas un fait curieux à tous égards que l'alliance qu'il conclut avec le roi de Norwège, Eric ? Aux termes d'un traité dont le texte a été publié dans l'*Archéologie navale* de M. Jal [2], et dans la *Bibliothèque de l'École des Chartes* [3], Eric devait fournir annuellement au roi de France deux cents galères et cent vaisseaux de grande dimension, munis d'armes et de vivres, et portant cinquante mille hommes. Philippe-le-Bel, de son côté, s'engageait à payer au roi de Norwège un subside annuel de trente mille livres sterlings. Le traité, bien que ratifié des deux parts, a-t-il été suivi d'exécution ? Nous en doutons ; car outre que les historiens ne parlent pas de l'arrivée d'une flotte norwégienne sur les côtes d'Angleterre, nous ne trouvons dans nos propres documents —

cont. per vice-comitem Monasterii Villaris super balliviam Caleti. — De Villis Leuræ et Capitis Caleti, pro una galea per eumdem vice-comitem II c. l. t. super eumdem ballivum. »

[1] Legrand d'Aussy, l. l. p. 339. Le P. Fournier, *Hydrographie*, sec. édit., Paris, 1667, in-fol., liv. VI, ch. 9, p. 236.

[2] T. II, p. 227 et s.

[3] 1re série, t. IV, p. 358 et s.

ments aucune trace des paiements ni des comptes auxquels les engagements des deux rois auraient nécessairement donné lieu de la part du roi de France, s'ils eussent été remplis. Les conventions avec les Génois eurent des suites pratiques mieux avérées. Nous n'en avons pas le texte; mais il résulte d'un compte dressé par Guillaume Bocuce, qu'il avait été chargé, en 1294, de négocier au nom du roi l'affrètement de galères génoises [1]. Nous voyons en effet des nefs de cette nation arriver en France à plusieurs reprises pour se joindre aux flottes royales. Le témoignage des chroniqueurs est entièrement conforme sur ce point avec les comptes que nous analysons [2]; il met en pleine lumière la part très active que les Génois ont prise aux expéditions navales ordonnées par Philippe-le-Bel.

Parmi les forces auxiliaires que la politique prévoyante de ce prince avait su se procurer, nous devons également signaler des vaisseaux portugais et espagnols : ce qui n'empêcha pas que, sous Charles IV, des derniers, appartenant à des marchands d'Espagne [3], n'aient été saisis sur mer par les Français comme étant de bonne prise. Les noms de quelques-uns de ces vaisseaux nous ont été conservés dans une pièce que Robert Mignon a connue et que M. Jal a publiée assez imparfaitement d'après l'original qui existe encore aux archives nationales : nous voulons parler du compte de Girard le Barillier « pour l'armée de la mer faite l'an de grâce 1205 [4]. » Parmi les nefs auxquelles des rations de vin furent fournies, aux frais du trésor royal, dans les ports de Normandie, Girard mentionne les nefs Holoc de Dieu, Notre-Dame et Sainte-Marie de Portugal, Sainte-Marie et Sainte-Catherine de Santander, Sainte-Marie de Tineo, Saint-Laurent de Castro, Sainte-Catherine d'Espagne et Sainte-Marie de Fontarabie.

Cependant, quelles que soient les ressources que Philippe-le-Bel ait trouvées dans les marines étrangères, celles qui lui furent

---

[1] Robert Mignon, p. 901 : « Compotus Guillelmi Bocucii... de negotiis sibi commissis ex parte regis pro galeis apud Januam an. 1294. »

[2] *Chron. Gaufridi de Collone*, dans le *Rec. des Hist. de France*, t. XXII, p. 10 : « Illo tempore (1294) venerunt domino regi Francorum soldarii Venetici et Genetici, scientes debellare et defendere se in mari, qui multas naves Anglorum destruxerunt... »

[3] Robert Mignon, p. 987 : « Compotus Gentiani Tristan de LV lib. x. s. par. in sterlingis captis supra mercatores Hispaniæ. »

[4] *Arch. nat.*, K 36, pièce 43.

offertes en France même par le commerce national ne furent pas moins importantes. Avons-nous le moyen de les apprécier mathématiquement? Assurément non, mais du moins nous pouvons en affirmer la réalité et l'étendue.

Le compte de Girard le Barillier nous fait connaître les ports de Normandie et des parties avoisinantes de la Bretagne auxquels le roi s'était adressé, le nombre de bâtiments qui s'y trouvaient réunis, et même les noms de leurs propriétaires. Ce sont autant de détails dont chacun pris à part est fort insignifiant, mais qui, rapprochés, offrent un ensemble assez curieux.

En 1295, Philippe-le-Bel avait donc sous la main, et fournissait de vin, et selon toute probabilité, d'autres vivres dans différents ports de commerce, les bâtiments que voici, qui n'étaient pas sa propriété, mais dont les patrons étaient à son service :

A Rouen, la nef quief de Moy et celle de Jacques Hardoin, les galies de Guillaume Pore, Nicolas Franc, Vaspal, Touque Brouart, Jehan le Courtois, Hugue Bonze, Pierre Ferrez, la galie de la Capitaine, la galie Pagante, les galies d'Ugue Bonté, de Jehan Lecourtois, Pierre Raphael, Aubert, Lion Douce, Monseigneur Henri, Jehan Despe, Nicholette Pognant.

A Leure, neuf nefs.

A Dieppe, les nefs de Henri Saint Jouin, Martin Malneveu, Michel Godebont, Adam de Néville, Jehan d'Endrenas, Michel Cors d'argent, Guillaume Beslendonne, Raol le Petit, Guillaume d'Endrenas, Jehan Savien, Jehan Dordelin, Gilebert Petit, Raol Doumolin, Raol de Boileville, Jehan Ifame, Gautier Sonart, Symon a le bone, Thomas Varin, Jehan Heris, Bernier Marescot, Symon Tolin, Richard quief de Ville, Jehan Bernart, Jehan Trouart, Robert Renaut, Robert Lemire, Richard Doumolin, Thomas le Valois, Richard Le Mounier, Jehan Renier, Michel Leborgne, Michel Despe, Jehan Nordest, Guillaume Dandelin, Jehan Darmors, Jacques Bocuse, Jehan Polin, Pierre Roussel, Richard le Tonteur, Michau Dandenas, Perrot Malneveu, Machieu, chief de Vile, Gautier Mifaut, Andrieu de Beleville.

A Etretat, que Girard le Barillier écrit *Etrutat*, les nefs de Thomas Satel, Robert de Dovre, Gautier de la Hese, Guillaume Toutain, Jehan Triseboure, Symon dou Mestier, Jehan le Bouchier, Guillaume Boutin, Richard Amourous, Andrieu Triseboure, Henri Saffroy, Jehan Hilaine, Jehan Guillehache.

A Veuletes, les nefs de Guillaume François, Raoul Leber,

Thomas Saillant, Robert Chastel, Guillaume Bremenchon, Robert Cole.

A Cherbourg, que Girart écrit *Chieresbourg*, les nefs Jehan Le Franc, Phelippe Balle, Jehan Le Valois, Michiel Betart, Durand Galien, Thomas Quellingont, Raoul Malaisie, Yvain Aoustin, Guillaume Guillot.

A Honfleur, les nefs de Gautier Errant, Nichole Ambelot, Eustache le Cordier, Guillaume de Bernières, Nicole Hautavis.

A Leure, à Chief de Cauz, c'est-à-dire à Sainte Adresse et à Harefleur, les nefs de Jehan Vilain, d'Andrieu Vilain, de Raoul Triécat, Giles de Bordeaux, Robert de Calli, Jehan de Calli, Jehan Oedet, Guillaume Thomas, Guillaume Girart, Jehan Bac, Robert Oin, Robert Gouel, Wuillaume Ormis, Symon Our, Raoul Sache Espée, Richard Escende, Jehan Ertaut, Symon Hardi, Colin Sache Espée, Robert Briefer, Rogier Gue, Robert Errant, Machieu Sechier, Robert le Cougins, Raoul Lorenz, Wuillaume Alain, Martin Home, Robin Sechier, Jehan Chevalier, Gautier Dant, Guillebert Boullint, Robert Sagnare, Bertin Berengier, Martin de la Croiz, Willaume Brifer, Rogier Thomas, Antiaume de Corneville, Robin Richier, Nichole Donilloit, Herne le fluz à la vielle, Denis Manchele, Thibaut Hochart, Robert d'Ingoville, Wuillaume Ermus, Guillebert Soutein, Robert Pestel, Guillebert Lorenche, Robert Ourseil, Guillebert Lemoine, Bertin Quesnel, Guillaume Rose.

A Caen, les nefs d'Aubert le Telier, Henri Colombier, Jehan Nobles, Richart le jene, Nicholas de Brignesart, Rogier Aquart, Thomas Danere, Thomas Angot, Jehan Blondel, Pierre Caval, Nicholas Hors, Pierre Martin, Guillaume Brimel, Jehan Colomp, Elie Petitpas, Henri Hellart, Jehan le Breit.

A Touque, les nefs de Bertaut Machon, Andrieu Tesson, Estace Mulon, Denis Boncel, Renaut Orillon, Wuillaume Poinon, Pierre Ernaut, Guillaume Tesson, Jean Babe, Henri Tirant.

A Saint-Malo, les nefs de Colin Pilart, Renout Baudin, Guillaume de Caune, Geuffroy Cornart, Colin Maudet, Thomas Agingnart, Robert de Bernaville, Pierre Lemoine, Geufroy Le Brun, Olivier Marnaut, Michiel La Doe, Thomas Godes, Thomas Toustain, Richard Videcoc, Jehan Durant, Jeufroy Robert, Jehan Morant, Guillaume Ambaut, Étienne les Couchie, Guillaume Gautier, Pierre Jambredort, Vilain Hue, Raoul Lambert.

A Fécamp, les nefs de Jehan Leblond, Symon le Prévost, Wuil-

Iaume Tourpant, Richard Labé, Guillaume Poitevin, Guillaume le Comte.

A la Hogue, les nefs de Raoul Blondel, Robert Torel, Pierre de Launoy, Robert Gocelin, Guillaume Olivier, Jehan Bequeit, Jeufrey Bouin, Anfrey Bequeit, Guillaume Trésorier, Raoul Aivre, Jehan de la Rose.

A Barefleu, les nefs de Guillaume Bouchart et Guillaume Goine.

Il faut ajouter aux listes précédentes quelques navires qui se trouvaient dans les ports de Flandre, savoir les nefs de Pierre Bellant, Jehan Pompes, Henri Mugront, Gyrart Dachier, Ernaut le fils Eramboure, et la nef du maître de Sainte-Catherine d'Espagne.

Enfin nous apprenons par le compte de Gérard le Barillier que trente-trois galies ou galions étaient réunis à Honfleur.

Telles sont les ressources que Philippe-le-Bel avait tirées en France de la marine marchande. En les réunissant à celles que des travaux de construction vivement conduits et des emprunts faits à l'étranger lui avaient procurées, il était parvenu à se créer des forces navales qui lui permettaient d'affronter la lutte sur mer avec quelques chances de succès.

Sur les côtes de la Gascogne, il avait une flotte qui est désignée dans les comptes, ainsi que nous l'avons dit, sous le titre *d'armata Girondæ*. En 1295, après avoir rallié les vaisseaux qui se trouvaient dans les ports de la Manche, elle se dirigea vers l'Angleterre sous le commandement des sires d'Harcourt et de Montmorency.

La plupart des historiens racontent la funeste issue de cette expédition. La flotte française obtint d'abord quelques succès. Elle parvint à s'approcher des rivages du comté de Kent et à débarquer un corps de troupes non loin de la ville de Douvres. Tous les alentours de la ville jusqu'à l'enceinte fortifiée furent occupés et incendiés. Guillaume de Nangis assure que l'Angleterre eût été facilement conquise si les amiraux n'avaient pas donné l'ordre de la retraite, en laissant à terre une partie de leurs équipages exposés aux vengeances de l'ennemi et à une mort trop certaine [1].

---

[1] *Chronicon*, an. 1295, édit. Géraud, t. I, p. 291 : « Potuissetque tunc, ut dicebatur, totus exercitus qui erat in navibus de gente Francorum totam de facili Angliam occupasse, si non auctoritas dictorum amiralium obstitisset ; nam psi, classe a portu revocata, illos qui exierant periclitari et occidi permi-

Le retour ne fut pas glorieux. Les *Grandes chroniques*, écho du sentiment national, reprochent à la flotte française d'être rentrée au port « sans avoir rien fait. » Quelques années après, la guerre n'ayant cessé avec l'Angleterre que pour recommencer avec les Flamands, Philippe-le-Bel, non content de faire avancer contre eux une puissante armée, équipa une nouvelle flotte. Elle était composée de trente galères françaises, huit galères espagnoles et seize galères génoises. Un capitaine Calaisien, du nom de Pedrogne, avait spécialement sous son autorité les vaisseaux français et espagnols. Le commandement supérieur de la flotte entière avait été remis au génois Renier de Grimaldi, avec celui des galles de sa nation. Après avoir longé les côtes de Flandre, la flotte française, arrivée à l'une des embouchures de l'Escaut, y joignit près le Zierikzee la flotte flamande commandée par Gui de Namur. Dans la chronique en vers intitulée *La branche des royaux lignages*, le poète Guillaume Guiart nous a laissé un récit prolixe, mais intéressant de la bataille à laquelle il nous apprend qu'il avait assisté[1]. L'issue fut quelque temps douteuse ; mais, grâce à d'habiles manœuvres, la victoire resta aux vaisseaux du roi de France. Les nefs flamandes furent mises en pleine déroute ; Guy de Namur fut fait prisonnier[2]. La même année Philippe-le-Bel gagna la bataille de Mons-en-Puelle, de sorte que les armes furent en même temps victorieuses et sur terre et sur mer.

Comme l'indique la variété des noms qu'ils portaient, les navires à la disposition du roi se partageaient en plusieurs classes. Il y avait des nefs, des dromons, des galies et des galiotes. Le mot de nef n'a pas en général, dans la langue du moyen âge, une signification bien déterminée ; il s'applique, chez les chroniqueurs comme chez les poètes, à des navires de toute forme et de toute dimension. Toutefois, d'après les savantes recherches de M. Jal,

---

acrunt... » Cf. *Les Grandes Chroniques de France*, édit. P. Paris, t. V, p. 113 ; *Cont. Chronici Girardi de Fracheto*, dans le *Recueil des historiens de France*, t. XXI, p. 13.

[1] *Rec. des Historiens*, t. XXII, p. 255, v. 16760 et 16761 :

> Qui vit la fin de la besoingne
> Et le premier commencement.

[2] *Rec. des Hist.*, t. XXI, p. 24, 194, 644, etc.

il paraît désigner plus spécialement le navire de forme ronde, ayant un ou plusieurs ponts et marchant à la voile. Les nefs qui servaient aux transports s'appelaient huissiers. Nous avons vu qu'elles avaient des portes qui s'ouvraient pour l'entrée et la sortie des chevaux. Rappelons ici que Benoît Zacharie recommandait à Philippe-le-Bel de se procurer vingt-quatre huissiers pour une descente en Angleterre. Nous ne retrouvons pas dans notre inventaire ce mot d'huissier; mais nous trouvons le terme de *dromon* opposé à celui de *navis*. En effet le dromon était un bâtiment de forme allongée, ayant un ou deux rangs de rameurs, l'un inférieur, l'autre supérieur ; il était construit de façon à marcher à la voile, ainsi que la nef, quand le temps s'y prêtait ; mais il était plus rapide que la nef. La galie ou galère était, comme le dromon, un bâtiment à rames; mais d'après un texte de Geoffoy de Visenauf[1], le dromon était plus long, plus large, par conséquent moins léger et plus lent. Quant aux galiotes, c'étaient de petites galies. Nous voyons au reste par le compte de Girard le Barillier que les galies qui s'y trouvent mentionnées ne reçurent pas toutes la même quantité de vin. Une seule figure au compte pour cinq tonneaux, d'autres pour quatre, d'autres pour trois, le plus grand nombre pour deux ou pour un ; ce qui dénote avec évidence des bâtiments de grandeur fort différente, montés par des équipages très inégaux en nombre et en force.

Comment Philippe-le-Bel avait-il pourvu à l'équipement de ses vaisseaux ?

L'équipement d'une flotte comprenait alors, comme aujourd'hui, les vivres d'une part, et d'autre part les armes et les agrès.

En ce qui concerne les vivres, Benoît Zacharie conseillait à Philippe-le-Bel de donner à ses marins du pain, des fèves et des pois, rien de plus, et de leur laisser le soin de se procurer eux-mêmes, moyennant une solde un peu plus forte, du vin, de la viande et les autres denrées nécessaires à la vie. C'était à son avis le seul moyen de s'épargner leur « murmuration » et leur « groignissement. » Philippe-le-Bel ne paraît pas avoir suivi ce conseil : car le compte de Girard le Barillier, sur l'autorité du-

---

[1] Cité par Jal, *Archéol. Nav.*, t. 1, p. 239 :«Tres majores naves subsequuntur, quas vulgo dromones appellant; galeæ vero leviores, et ad quælibet aptanda agiliores, subsequuntur. »

quel nous aimons à nous appuyer, contient le détail des quantités de vin qui furent envoyées aux nefs et aux galies des ports
Normands : à Rouen et à Leure, 86 tonneaux, à Dieppe, 30 ; à
Etretat, 7 ; à Veulettes, 3 ; à Cherbourg, 3 et une pipe ; à Honfleur, 4 et 2 muis ; à Leure, 57 tonneaux, 5 pipes, 2 muis, et 6
setiers ; à Caen, 11 tonneaux ; à Touque, 6 et une pipe ; à Saint-
Malo, 26 ; à Fécamp, 2 ; à la Hogue, 7 ; à Barefleu, 2 ; dans la
Flandre, 15 tonneaux et 5 muis ; à Harefleur, pour les galies et
galiotes, 58 tonneaux, 2 pipes et 2 muis, sans compter les fournitures faites à Mgr Jehan d'Harcourt pour l'approvisionnement
de ses nefs, et bien d'autres fournitures encore. L'inventaire de
Robert Mignon ne mentionne qu'assez rarement des dépenses de
vin ; mais nous ne devons pas oublier qu'il cite le compte de
Girard le Barillier et qu'il s'y réfère. Il mentionne d'ailleurs,
sans indiquer les quantités, les autres genres de fournitures de
blé, de fèves, de pois, de fromages.

Un document que Du Cange a connu et souvent cité, dont M. de
Pardessus et M. Jal ont déploré la perte, et que M. de Boislisle a
retrouvé dans un manuscrit de l'abbaye Saint-Germain des Prés,
le même que Du Cange avait eu sous les yeux [1], les *Informationes
Massilienses*, confirme et complète ces renseignements. On y voit
figurer des fournitures de biscote, de figues, de lentilles, de
viandes et de poissons salés pour les marins, et des fournitures
d'orge pour les chevaux.

Bien que les *Informationes* ne se rattachent pas aux guerres
soutenues par Philippe-le-Bel, mais à un projet de croisade,
formé en 1316 par Louis, comte de Clermont, nous avons cru de-
voir nous y référer ; car elles contribuent à faire connaître les pro-
visions alimentaires qu'emportait, au commencement du quatorzième siècle, un vaisseau de guerre. Quant aux fournitures spécialement indiquées par Robert Mignon, les unes proviennent
des villes de Normandie, notamment de Gisors ; les autres d'Ab-
beville, d'Amiens, de Corbie, de Senlis, de Sens ; quelques-unes
même de Dax et de Bayonne. Tantôt les denrées sont achetées et
les agents du roi les payent immédiatement [2] ; tantôt elles sont

---

[1] *Annuaire-Bulletin de la Soc. de l'Histoire de France*, année 1872, in 8°,
p. 230 et s., p. 246 et suiv.

[2] Robert Mignon, p. 889 : « Garnisiones emptæ de mandato regis. *Ibid.*,
p. 890 : « Compotus de bladis emptis apud Abbatisvillam.—Compotus de garnisionibus emptis et factis apud Aquas et Bayonam.

prises, *captæ* [1]; mais dans ce dernier cas, autant qu'on peut en juger, elles ne sont pas enlevées brutalement, et ceux qui ont été requis de les livrer, sont portés dans les comptes comme créanciers du roi. Ainsi, à la suite du compte des fournitures faites en 1303 à Robert Ausgans, panetier du roi, pour l'armée de Flandre, il est dit en termes exprès que le dit Robert doit libérer le roi, en payant aux fournisseurs ce qui leur est dû. Même déclaration est rendue au profit des personnes à qui des denrées avaient été enlevées en 1303 ou en 1304, date laissée incertaine dans le document, par un autre panetier royal, Jehan Coulon de Saint-Paul [2].

Quant à l'autre partie de l'équipement d'une flotte, les armes et les agrès, nos textes démontrent que Philippe-le-Bel a mis tous ses soins à se les procurer. En 1294, Pierre Vitalis, maître charpentier, présente le compte des carreaux de bois, *quarellorum*, qu'il a livrés pour l'armement de la flotte durant la guerre de Gascogne [3]. En 1295, M. Arnaud achète à Toulouse des balistes destinées au même armement [4]. En 1296, Guillaume Bocuce dresse l'état des frais de l'envoi à Rouen d'ouvriers calfats [5]. Ce vaisseau appartenant au roi, dont nous ignorons le véritable nom, mais que nous avons déjà eu l'occasion de signaler [6], portait un armement qui fut remis à Pierre Lhuissier. Nous trouvons mentionnés dans notre inventaire un grand nombre de comptes relatifs à l'armement des flottes, ou pour traduire littéralement le texte latin, à l'armée de mer, aux arsenaux maritimes, *pro armata maris, super armamento galearum, pro operi-*

---

[1] Robert Mignon, p. 888 : « Compotus de bladis captis apud Ambianum et Corbeyam pro biscoto regis faciendo anno 1295. » — *Ibid.* « Blada capta in vice-comitatu Ebroicensi. » *Ibid.* « Blada capta in Baillivia Gisortii. » *Ibid.*, p. 890 : « Compotus de bladis captis in baillivia Senonensi. »

[2] *Ibid.*, p. 959 : « Compotus Roberti Ausgans, panetarii regis, de garnisionibus factis per ipsum anno 1303... Debet solvere dictus R. personis quas tradidit in fine compoti : quibus debebantur de dictis garnisionibus, et regem acquitare. » *Ibid.*, p. 960 : « Partes garnisionum captarum per Johannem Coulon de Sancto Paulo, panetarium regis anno 1304 vel anno 1303... Debetur personis illud quod captum fuit ab eis. »

[3] *Ibid.*, p. 894 : « Compotus magistri P. Vitalis carpentatoris, magistri quarellorum armatæ Girondæ de anno 1294. »

[4] *Ibid.*, p. 897 : « Compotus magistri Arnaldi de armaturis et balistis quas emit apud Tholosam pro dicta armatura (maris pro Vasconia). »

[5] *Ibid.*, p. 897 : « Compotus domini G. Boscuccii de expensis calefatorum missis Rothomagum per cum. »

[6] Voyez plus haut, p. 406.

bus galearum et garnisionibus. Il ne nous parait pas douteux que les comptes détaillés, que nous ne possédons plus, n'aient compris des articles relatifs aux engins de guerre et aux agrès. Les archives nationales nous offrent du reste un très curieux document qui supplée amplement aux détails qui nous manquent dans notre inventaire [1] : c'est le traité passé par le roi au mois d'août 1294 avec Pierre-Guillaume de Mar, fils de ce Guillaume Bocuce que nous ne cessons pas de rencontrer dans les négociations de cette nature, et dont le rôle important s'explique par son office de viguier d'Aigues Mortes. Ils appartenaient tous deux, selon toute probabilité, à la famille de Guillaume de Mar, syndic de la commune de Marseille, à qui saint Louis s'était adressé en 1246 pour le nolissement de vingt vaisseaux [2]. Quoi qu'il en soit, le traité de 1294 stipule d'abord le nombre des galères qu'il s'agit d'armer et celui des marins qui devront être fournis pour en faire le service :

« Jo Guillaume Pierre de Mar faz savoir à touz ceus qui verront ces présentes lettres, que jo ai à nostre Roy de France teles convenances. C'est à savoir que je et mes compeignons li armerons trente de ses galies de Provence pour le pris de trois cenz et seixante livres de tornois petiz le moys pour chascune galie ; et li donrons cent et seixante hommes pour chascune galée ; et paierons les gages et les viandes des diz hommes pour le pris dessus dit. Et nous obligerons de donner et de metre les diz hommes bons et souffisans en toutes choses de mer, à la connoissance de ceus que nostre Sires li Roys y envolera. »

De son côté le roi conserve à sa charge l'équipement.

« Et li Roys garnira les dites galies de armeures souffisement, et les fera appareiller à ses propres despens toutesfois que mestiers sera. »

Mais en quoi consistera l'équipement ? Le traité le marque avec précision.

« Et est à savoir que ce sont les armeures qui faillent selonc mon dit pour chascune galie, VI^{xx} targes bonnes et souffisanz ; VI^{xx} bacinez ; VI^{xx} cousteliers ; VI^{xx} espaulières.

---

[1] Ce document, déjà signalé par Boutaric, *La France sous Philippe-le-Bel*, p. 378, a été publié dans le *Musée des Archives*, n° 295.

[2] Jal, *Archéol. Nav.*, t. II, p. 383.

Item. I[m] de bons quarreaux de Jennes, d'un pié ; IIII[m] d'autres quarreaux ; I[m] de quarreaux de 1 pié ; IIII[m] d'autres quarreaux ; I[m] de quarreaux de II piez des bons de Jennes.

Item. LX plates.

Item. LX gorgiers de plates.

Item. LX ganz de plates d'une main.

Item. LX arbalètes, c'est à savoir XL d'un pié, et XX de II piez.

Item. un dozaine de longues lances.

Item. II dozaines de rondes, C javaloz qui sont appelez galtherihl.

Item. M pots de chaux vive... »

Tel était donc, au point de vue des armes et des agrès, l'équipement d'un vaisseau armé en guerre sous le règne de Philippe-le-Bel ; le document que nous venons de citer nous en donne le détail précis, complet, authentique : des *targes* ou boucliers ; des *bacinets* ou casques ; des *espaulières* et des *gorgières*, pour protéger les épaules et les gorges des combattants ; des *plates* ou gants bardés de lames de fer ; des *cousteliers* ou poignards ; des carreaux à lancer sur l'ennemi ; des arbalètes ; des lances, des javelots ; enfin de la chaux vive. Des renseignemenis identiques ou analogues se trouvent dans les *Informationes Massilienses*, qui les complètent par de longs détails sur la forme et la dimension des vaisseaux, sur la mâture, les voiles, les cordages, etc., [1].

Quant à savoir d'où arrivaient les marins qui montaient les navires, nous ajouterons sur ce point quelques détails à ceux qui précèdent. Nous avons donné la liste nominative des marins qui figurent dans le compte de Girard le Barillier. Parmi tant de noms oubliés aujourd'hui, il s'en trouve un qui devait être porté deux siècles plus tard par un armateur illustre. Thomas Angot, du port de Caen, est-il un des ancêtres de cet Angot qui dut à ses expéditions maritimes sous le règne de François Ier son opulence et une célébrité durable ? Quoi qu'il en soit, un fait est constant, c'est que, dès la fin du quatorzième siècle, la Normandie, toujours féconde en navigateurs, fournit en grand nombre à Philippe-le-Bel aussi bien des nefs que des hommes de mer pour les monter. Mais, nous le savons déjà, ce ne fut pas le seul pays où le roi de France recruta sa marine.

[1] *Annuaire de la Société de l'histoire de France*, p. 250 et s.

On vient de voir que Guillaume de Mar s'était engagé par son traité à procurer des hommes pour les galies que le Roi avait sur les côtes de Provence, à raison de 160 hommes par galie. Nous retrouvons dans nos comptes, à la date de 1295, la trace de marins, que son père Bocace avait embauchés à Gênes et qu'il envoya d'Aigues-Mortes à Rouen [1]. La même année Jacques Maclou et Raimond Sequer amènent de Provence 157 marins. Jean de Chartres et ses associés en amènent du même pays 142 ; Philippe de Boret et François Bon et Bel 220 ; Guillaume de Quart et Bertrand de Garcia 118 ; Pierre Leroux de Nimes, et ses associés Robert de Vallirègue et Cappoboni de Florence 241. [2] D'autres, au nombre de 200, envoyés par Boniface de Sienne, appartiennent au port d'Aigues-Mortes [3]. Payen de Florence et Jehan des Moulins en conduisent 300 dont la provenance n'est pas indiquée [4]. En 1296, vers Pâques, un certain nombre sont amenés à Rouen par Nicolas, prieur de Watteville [5]. En 1299 Guillaume du Verger et Albert Bonard vont en Provence faire de nouvelles recrues pour l'armée de mer [6]. Des Espagnols également sont embauchés et dirigés sur Harfleur, comme on le voit par un compte de Jean de l'Hôpital qui était relatif à leur solde pour les années 1295 et 1296 [7].

[1] Robert Mignon, p. 900 : « Compotus... de expensis quorumdam Januensium quos Guillelmus Bocutii, vicarius Aquarum Mortuarum, misit de Aquis Mortuis apud Rothomagum. *Ibid.*, p. 901. Compotus Guillelmi Bocutii... de expensis suis factis procurando homines marinarios. »

[2] *Ibid.*, p. 899 : « Compotus Machutii Jacobi et Raimundi Sequerii de expensis adducendo CLVII marinarios de Provincia. — Compotus Johannis Carnotensis et sociorum suorum de expensis adducendo VIIxx II marinarios de Provincia. — Compotus Philippi de Boreto et Francisci Bon-et-Bel pro XI marinariis - Compotus Guillelmi de Quarto et Bertrandi Garciæ de CXVIII marinariis de Provincia adducendo 1295. — Compotus Petri Le Roux de Nemauso, Petri Roberti de Volobrigne et Cappoboni hominis de Florentia, capitaneorum ducentorum et quadraginta unius hominum marinariorum. — Compotus P. Le Roux de Nemauso et sociorum suorum de XIIxx marinariorum adducendo de Provincia, 1295. »

[3] *Ibid.*, p. 900 : « Compotus Bonifacii de Sene pro expensis IIc hominum quos adduxit pro facto maris ab Aquis Mortuis. »

[4] *Ibid.*, p. 900 : Compotus Pagani de Florentia et Johannis de Molendinis in Alvernia de IIIc marinariis adducendo. »

[5] *Ibid.*, p. 900 : « Compotus Nicolai, prioris de Vatevilla, de marinariis per cum adductis Rothomagum, videlicet anno 1296, circa Pascha. »

[6] *Ibid.*, p. 972 : « Compotus Domini Guillelmi de Viridario, servientis armorum regis, et Alberti Bonardi, missorum in Provinciam pro marinariis adducendis in exercitum Flandriæ anno 1299. »

[7] *Ibid.*, p. 916 : « Compotus J. de Hospitali pro stipendiariis Hispanorum apud Harifluctum solvendis 1295 et 1296. »

Benoît Zacharie fixait à quarante sols par mois, par conséquent à environ un sou six deniers par jour, la paie des marins au service du roi. Nous n'avons pas relevé de renseignements précis sur ce point pendant la durée du règne de Philippe-le-Bel ; mais nous inclinons à croire que le chiffre indiqué par Benoît Zacharie fut augmenté de six deniers ; car au compte qui fut rendu en la ville de Rouen, le 23 août 1316, par Bérenger Blanc, la solde des marins ayant servi sous ses ordres se trouve calculée à raison de deux gros sous tournois par jour. La somme qu'il eut à payer s'élevait à 1227 livres 15 sous tournois [1], sans qu'il soit possible de déterminer, faute d'indication, à combien d'hommes ou à combien de jours elle s'appliquait.

Outre leur paie régulière les marins touchaient une part des prises faites sur l'ennemi. Ainsi, dans son traité avec le roi, Guillaume de Mar avait stipulé qu'il aurait la moitié des prises faites tant sur terre que sur mer, à l'exception des villes, châteaux et forteresses, et la moitié de la rançon des prisonniers, à l'exception de celle des chevaliers, gentilshommes et clercs. Ce n'est pas, ce semble, s'aventurer beaucoup que de considérer ce partage des prises comme ayant été habituel sous le règne de Philippe-le-Bel. Ce qui n'est pas douteux, c'est qu'il resta en usage sous les successeurs de ce prince ; car en 1319 un compte de Gentian Tristan mentionne une prise de 65 livres 10 sous parisis, dont une part fut attribuée à la ville de Calais, et l'autre part aux mariniers [2].

---

[1] Robert Mignon, p. 988 : « Compotus quem reddidit Berengarius Blanc, admiraldus maris, magistro P. de Condeto, archidiacono Laudunensi, apud Rothomagum, lunæ 23 augusti 1316, de vadiis marinariorum qui fuerunt cum eo in armata maris in navibus et vasis nominatis in dicto compoto, de quibus personis quilibet percipit pro vadiis duos grossos turonenses per diem. Et fuit summa totalis XII^c XXVII. lib. XV, tur. » Les *Informationes Massilienses* contiennent un article qui semble très précieux pour la fixation de la paie des marins : « Sunt necessarii in qualibet galea CXXX homines qui recipient quolibet mense CCC libras, ad rationem LX solidorum pro quolibet homine. » Mais cette phrase présente une contradiction. En effet si chaque mois chaque marin touche LX sous, c'est-à-dire III livres, la paie mensuelle pour CXXX marins sera CCCLXXXX livres et non pas CCC. Veut-on maintenir le chiffre de CCC livres, celui de LX sous doit être ramené à XLVI. Nous avons préféré ne pas faire entrer dans notre exposition ce texte condictoire.

[2] *Ibid.*, p. 987 : « Compotus Gentiani Tristan de LV, l. 10 s., in sterlingis captis super mercatores Hispaniæ in galea, cujus summæ medietas pertinet villæ Calesii et alia marinariis. »

A ces navires de toute grandeur, à ces marins venus de divers pays il fallait des chefs, qui ne leur ont pas manqué, et qui méritent un souvenir de l'histoire.

Quelques-unes des indications que notre inventaire fournit à cet égard ont déjà passé sous les yeux de nos lecteurs, et nous n'avons plus qu'à les réunir en les coordonnant.

Les historiens avaient oublié et M. Boutaric a remis le premier en lumière le rôle et les services de Benoît Zacharie, le conseiller de Philippe-le-Bel, qui soumit à ce prince en 1295, peut-être à une époque antérieure, un mémoire si ferme et si sage sur les moyens de créer en France une marine. Nous aurions aimé à pouvoir fixer d'une manière un peu précise la part qu'il a prise aux affaires de son temps. Giustiniani, dans ses *Annales de Gênes*, nous le montre, en 1284 et 1286, investi du commandement de galères génoises [1]. Il entra ensuite pour quelques années au service de Philippe-le-Bel, pénétra fort avant dans la confiance de ce prince, dirigea en partie les armements maritimes de la France, fut chargé de diverses missions, reçut le titre d'amiral, et eut sous ses ordres dix galères et une galiote envoyées sur les côtes de Flandre. Il ne paraît pas que les services qu'il fut appelé à rendre à Philippe-le-Bel se soient prolongés au delà de 1298. Peut-être les estimait-il un prix élevé qui effraya l'économie du roi. Aux termes d'un arrangement conclu avec lui par les maîtres des comptes, une somme de 12,000 livres lui fut allouée pour ses peines : il la reçut en plusieurs paiements, inscrits à leur date au *Journal du Trésor*, [2] et dont le dernier était à l'échéance du mois d'août 1299. Un ouvrage célèbre

[1] *Annali della eccelsa ed illustrissima republica di Genova*, 1537, in-fol., f. 106 v° et 108 v°.

[2] Robert Mignon, p. 900 : « Compotus Reginaldi Barbou de solutionibus per ipsum factis apud Rothomagum, luna ante Pascha 1299, pro decem galeis et uno galioto missis in Flandriam, quibus Benedictus Zacharie fuit admiraldus. — Compotus Benedicti Zacharie, admiraldi maris de receptis et expensis quas fecit ratione officii sui, videlicet annis 1290 et 1297, redditus circa sabbato post Pascha 1298. Debentur ei pro fine dicti compoti pro certa conventione et financia cum eo per magistros facta, XII M. l. turonenses. » *Journal du Trésor*, 2ª die aprilis : « Benedictus Zacharie, admiraldus navigii regis, de dono regis in recompensationem servitii per se et per suos hactenus regi impensi, nec non et pro expensis, missionibus, debitis et aliis quibuscumque in quibus rex poterat ei teneri usque ad martis post Ramos Palmarum quartam diem aprilia XCVIII de summa XII. M. l. t., III. M. l. t. » *Ibid.*, 2ª die augusti 1299 : « Benedictus Zacharie pro toto residuo de XII. M. l. t. sibi debitis III. M. l. t. »

de Du Cange, l'*Histoire de Constantinople sous les empereurs français*[1], donne quelques détails sur les vicissitudes qui remplirent les dernières années de Benoît Zacharie. Étant revenu dans sa patrie, les Génois l'envoyèrent en 1301 guerroyer contre les Sarrasins. Il fit aussi la guerre pour lui-même, s'empara de l'île de Chio, y bâtit des forteresses, et parvint à s'y maintenir avec l'agrément de l'empereur Andronic II, auquel il payait un tribut. Il figure comme seigneur de Chios, de Samos et de Cos dans la généalogie des dynastes génois de l'archipel donnée par M. Charles Hope, page 502 de ses *Chroniques Gréco-romanes*[2].

Benoît Zacharie avait un fils, Paléologue Zacharie, qui fut lui-même employé par Philippe-le-Bel. En 1297, il se trouvait à La Rochelle avec son père. Au mois de novembre 1299 le roi le chargea d'une mission relative à la marine, qui est rappelée au *Journal du Trésor*[3]. Nous perdons désormais sa trace, et son nom ne reparaît plus dans nos documents, mais il est mentionné comme seigneur de Chios dans le tableau généalogique dressé par M. Charles Hope.

Nous avons nommé plus haut les sires d'Harcourt et de Montmorency, qui commandaient en 1295 l'expédition dirigée contre les côtes d'Angleterre. Le premier mourut en 1302 ; le second, sur la fin de l'année 1304[4].

Tandis qu'ils laissaient échapper le succès promis à leur entreprise, Othon de Tocy, ayant comme eux le titre d'amiral, gardait les côtes de France depuis l'embouchure de la Garonne jusqu'à celle de la Seine. Nous avons déjà dit que Philippe-le-Bel lui fit payer 8832 livres pour les galies et galiotes qui étaient à Cherbourg le 1er avril 1296[5]. Dans d'autres circonstances, Tocy reçut encore une somme de 20,000 livres. Après sa mort, mentionnée au *Journal du Trésor* comme antérieure au 27 juin 1299, les navires dont il avait le commandement furent ramenés à La Rochelle, par sire Henri Le Marquis, chevalier, qui fut aussi quelque temps sous les ordres du sire de Montmorency[6].

---

[1] Paris, 1657, in-fol., 3e partie, p. 211 et suiv.

[2] *Chroniques gréco-romanes inédites ou peu connues* publiées par Charles Hope. Berlin. Veidmann 1873, 1 vol. in-8°.

[3] *Journal*, etc., XVe novembris 1299 : « Paleologus Zacharie missus ad partes maritimas. » Voyez aussi le P. Anselme, t. VII.

[4] Le P. Anselme, t. VII, p. 733.

[5] Le P. Anselme, t. VII, p. 734.

[6] *Journal*, etc., 6 junii 1298 : « Henricus Le Marquis, miles, pro fine com-

En 1296 et 1297 un autre officier à la solde de Philippe-le-Bel,
qui est cité plus d'une fois dans nos documents, Michel de
Navarre opérait en mer, à la tête de ses marins, des prises sur
ceux qu'on appelait alors les ennemis du royaume, *super inimicos regni*, c'est-à-dire sur les Anglais. Cinq vaisseaux, entre
autres, tombèrent en son pouvoir sur les côtes de Flandre.
Le compte de cette prise fut rendu à la Chambre des Comptes le
dernier jour de mai 1296 par Leonard-le-Sec, maire d'Amiens, et
par un habitant de la ville, du nom de Jean. Michel de Navarre
paraît avoir été mêlé en 1304 aux préparatifs de la guerre maritime contre les Flamands [1].

Voici un autre nom qui doit nous arrêter, Renier de Grimaldi,
vaillant capitaine, *valente e franco huomo*, disent les contemporains, affrontant sans peur les hasards des combats maritimes,
bene aventuroso in guerra di mare [2]. Il était originaire de Gênes
et son aïeul avait été prince de Monaco [3]. Philippe-le-Bel sut
l'attacher à son service ; et s'il faut en croire Villani, il aurait
amené à ce prince du port de Gênes seize galères bien armées.
Qu'il ait eu des vaisseaux génois sous son commandement, le
fait n'est pas contestable ; mais les avait-il recrutés lui-même
en Italie et conduits en France ? Ce qui nous étonne et nous sug-
gère quelques doutes, c'est que, dans la table de Robert Mignon,
si riche en détails de cette nature, nous n'avons trouvé aucun
indice qui confirme l'assertion de Villani ; nous y lisons seule-

poti sui de facto maris cum dominis Harcriæ et Montis Morenciaci... *Ibid.,*
Ultima die junii : Henricus li Marquis, miles pro fine compoti sui de Sancto
Martino cum dominis Harcuriæ et Montis Morenciaci. » *Ibid.,* 27 junii 1299 :
« Henricus li Marquis, miles, pro fine compoti sui de expensis suis factis in
guerra Vasconiæ cum domino Othone de Touci in mari, et pro reditu suo cum
galeis post mortem ipsius apud Rupellum et pro expensis factis apud Rothomagum circa galeas. »

[1] Robert Mignon, p. 931 : « Compotus Michaelis de Navarra de prisiis per
eum factis super inimicos regni, redditus curiæ die Veneris post festum beati
Nicolai hiemalis 1296. — *Ibid.,* p. 910 : Compotus Leonardi Lesec, majoris
Ambianensis, et Johannis de Ambianis, de bonis quinque navium captarum in
Flandria super Anglicos per Michaelem de Navarra, redditus curiæ penultima
die maii 1296. — *Ibid.,* p. 294 : Compotus domini Symonis Louvardi de bonis
captis in mari per M. de Navarra et ejus adjutores super inimicos regni,
factus per clericum suum quinta maii 1298. Cf. *ibid.,* p. 935. *Ibid.,* p. 972 :
Compotus Michaelis de Navarra de aliquibus expensis quas fecit pro armata
maris 1304. »

[2] Villani, ap. Muratori, *Rerum Ital. script.,* t. XIII, col. 411.

[3] Le P. Anselme, t. IV, p. 489 et t. VII, p. 738.

ment les deux mentions suivantes : « Compotus Reneri de Grimaldi, admiraldi maris, de armata galearum anno 1302. — « Alius compotus ipsius Reneri, ratione officii sui, videlicet a principio mensis februarii 1303 usque ad dominicam ante nativitatem Domini 1304[1]. » La généalogie donnée par le P. Anselme nousapprend que Renier de Grimaldi, IIe du nom, était chevalier et seigneur du Cagne et de Villeneuve Normande. La victoire navale qu'il remporta à Zierikzee sur les Flamands, justifia la confiance que Philippe-le-Bel lui avait témoignée. Le P. Anselme fixe la date de sa mort à l'année 1304.

Après Grimaldi, sans prétendre donner la liste complète et la biographie des amiraux de France au temps de Philippe-le-Bel, nous devons nommer Thiebaud de Cepoy ou Chepoy, qui figure avec ce titre dans l'ouvrage du P. Anselme. Bien qu'il soit question de lui dans notre inventaire, il ne s'y présente jamais comme étant chargé d'une fonction touchant à la marine. Cependant il résultait d'un registre de la Chambre des Comptes, aujourd'hui perdu, qu'il avait commandé sur mer dans la Méditerranée pendant les années 1306, 1307 et 1308. Ce registre indiquait à quel chiffre ses émoluments et ceux de ses compagnons avaient été fixés : il recevait personnellement trente sous par jour : chaque chevalier touchait quinze sous ; chaque écuyer sept sous et demi[2].

En 1307, il se trouvait à Venise, et ce fut dans cette ville qu'il reçut, des mains même de Marco Pol, pour le frère du roi, Charles de Valois, un exemplaire de l'ouvrage du célèbre voyageur. Thiebaud de Cépoy a consacré le souvenir de ce don dans un préambule, qui se lit en tête d'un manuscrit de la Bibliothèque nationale, et qui, aux yeux des meilleurs juges, démontre l'antériorité de la rédaction française des voyages de Marco Pol[3].

Parmi les chefs qui ont exercé un commandement maritime, citons encore Berenger Blanc. Après avoir commencé par être sergent du roi, nous le trouvons investi, en 1315, du titre et de

---

[1] Robert Mignon, p. 971 et 972.
[2] Le P. Anselme, t. VII, p. 739.
[3] Ms. fr. 5649. Dans un mémoire lu à la séance des cinq Académies le 25 octobre 1850, notre savant confrère et ami, M. Paulin Paris a signalé un des premiers l'importance du texte rapporté en France par Thiebaut de Cépoy. Voyez aussi la nouvelle édition que M. Pauthier a donnée du livre de Marco Pol, Paris 1865, in-8°, introd., p. LXXXII et suiv.

l'emploi d'amiral. Il exerçait encore ces fonctions en 1317, époque à laquelle l'ordre lui fut donné, comme on l'a vu plus haut, de veiller à la réparation d'anciens navires et d'en faire construire de nouveaux. La liquidation des dépenses qu'il avait faites soit pour l'équipement de la flotte, la construction et la réparation des vaisseaux, soit pour la paie des marins, fut laborieuse, autant qu'on peut en juger par l'inventaire de Robert Mignon ; nous y apprenons qu'elle se prolongea jusqu'en 1321 [1]. Sous les règnes des successeurs de Philippe-le-Bel, on voit le commandement des flottes passer à Gentian Tristan, et à Pierre Mége, etc. Mais il n'entre pas dans notre sujet de pousser aussi loin cette étude sur les origines de la marine française.

Les vaisseaux de Philippe-le-Bel n'étaient pas seulement employés à des expéditions plus ou moins lointaines ; ils croisaient le long du littoral, veillant à la garde des côtes, et formant ce qu'on appelait alors le guet de la mer, *Guetum maris* [2]. Cette surveillance rendait de véritables services aux villes voisines, surtout aux villes commerçantes dont elle protégeait les navires et les marchandises ; mais, comme on peut aisément le croire, elle ne laissait pas que d'être dispendieuse pour le roi. Estimant que tout service rendu doit être payé, Philippe-le-Bel établit un impôt spécial, non pas peut-être sur toutes les villes du royaume, mais sur celles qui avaient des motifs sérieux d'apprécier la sécurité de la mer. Nous trouvons des traces de cet impôt dès 1290 sous les titres d'*Obole de la mer*, *Obolum maris*. Robert Mignon le mentionne comme ayant été levé en 1296 à Rouen, en 1299 à Gisors et dans le pays de Caux, en 1303 dans tout le littoral de la Normandie [3]. Il portait essentiellement sur les marchandises, qui étaient taxées d'après leur valeur, à raison de quatre deniers par livre. Nous sommes très porté à croire qu'il a été levé pendant toute la durée du règne de Philippe-le-Bel. Ce qu'il y a

---

[1] Robert Mignon, p. 966 et 988.

[2] *Ibid.*, p. 504 : « Pars receptionis gueti maris in baillivia Caletensi anno 1299. »

[3] *Ibid.*, p. 502 : « Compotus de recepta... oboli maris in baillivia Rothomagensi... anno 1290. *Ibid.*, p. 504 : — Aprisia facta per modum compoti... obolorum pro facto maris... anno 1299 (Caletum et Gisortium). *Ibid.*, p. 160 : Compotus magistri Johannis Gaidre de subventionibus collectis in portubus maris totius Normaniæ, videlicet quatuor denariis pro libra, ante sanctum Hilarium 1302 usque ad Omnes Sanctos 1303. »

de certain, c'est qu'à la date de 1317, il est encore question d'un impôt qui se prélève sur les denrées entrant dans un port de mer, et qui sert à payer les frais de l'armement destiné à garder la mer et les marchandises qui la traversent [1].

Pour apprécier exactement l'administration de Philippe-le-Bel, non seulement les projets qu'il a mis à exécution, mais ceux qu'il avait conçus, il faudrait des documents que nous ne possédons pas. Que nous reste-t-il du *Journal du Trésor?* A peine trois années, — encore ne sont-elles pas complètes, — les années 1297, 1299 et 1302. Qu'est-ce que l'inventaire de Robert Mignon ? Une simple table des matières, qui ne signale que très indirectement, qui fait supposer plutôt qu'elle ne montre les faits contenus dans les pièces de comptabilité dont elle donne la liste. Cependant les inductions que nous avons pu tirer de ces documents incomplets, ne sont pas, nous le croyons, sans quelque importance ni sans quelque nouveauté. Nous sommes autorisé à dire que la marine n'a pas été une des moindres préoccupations de Philippe-le-Bel. Le manque à peu près absolu de vaisseaux et de marins avait dû causer plus d'un souci aux rois de France, ses prédécesseurs : mais ils n'avaient fait aucun effort dont il soit resté quelque trace; ils n'avaient pris aucune mesure pour obvier à cette périlleuse lacune dans le système des forces offensives et défensives de la France. A-t-elle été comblée par Philippe-le-Bel ? Nous sommes loin de le prétendre ; mais il l'a du moins aperçue ; il en a senti le danger ; il s'est imposé des sacrifices pour se procurer des vaisseaux et des marins soumis à son autorité ; il a entrepris enfin de se soustraire à cette périlleuse et funeste dépendance vis-à-vis de Gênes et de Venise dans laquelle la royauté française s'était trouvée jusqu'à lui, toutes les fois qu'elle avait eu à défendre sur mer l'honneur et les droits de la nation. Tel est le service trop oublié que l'administration de Philippe-le-Bel a rendu au pays et que nous nous sommes efforcé de mettre en lumière.

[1] Robert Mignon, p. 636 : « Compotus Symonis de Billy, militis, baillivi ibi (Ambianis), de impositione facta super mercaturia venientibus ad portum maris pro solvendo armaturam constitutam ad custodiendum mare et mercaturas transeuntes per illud, redditus 21 decembris 1317. »